Impressum
Verlag: BABADADA GmbH, Nedderfeld 112 , 22529 Hamburg
Geschäftsführer / Verlagsleitung: Harald Hof
Druck: Books on Demand GmbH, In de Tarpen 42, 22848 Norderstedt

Imprint
Publisher: BABADADA GmbH, Nedderfeld 112 , 22529 Hamburg, Germany
Managing Director / Publishing direction: Harald Hof
Print: Books on Demand GmbH, In de Tarpen 42, 22848 Norderstedt

colegio

ቤት-ትምህርቲ

aula
ክፍሊ ክላስ
dividir
መቀለ
186/2
pizarrón
ሰሌዳ
patio de escuela
maestro
መምህር
papel
ወረቐት
escribir
birome
መጽሓፊ
escritorio
ጣውላ ምጽሓፍ
regla
መስመር
libro
መጽሓፍ
alumno
ተመሃራይ

mochila

ሳንጣ ትምህርቲ

caja de lápices

ሰፈር ብርዒ

lápiz

ርሳስ

sacapuntas

መብልሒ ርሳስ

goma (de borrar)

መደምሰሲ

bloc de dibujo

ጥራዝ ስእሊ

dibujo

ስእሊ

pincel

ብርዒ ቀለም

caja de pinturas

ቦክስ ቀለም

tijera

መቐስ

pegamento

መጣበቒ

cuaderno de ejercicios

ጥራዝ መላመዲ

tarea

ዕዮ ገዛ

12

número

ቁጽሪ

2+2

sumar

ወሰኸ

5-2

restar

ጎደለ

2×2

multiplicar

ረብሐ

calcular

ደመረ

A

letra

ፊደል

ABCDEFG
HIJKLMN
OPQRSTU
VWXYZ

abecedario

ስርዓት ፊደላት

hello

palabra

ቃል

texto

ጽሑፍ

leer

ኣንበበ

tiza

ኩርሽ

lección

ሰዓት

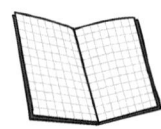

cuaderno de clase

መዝገብ ክላስ

examen

መርመራ

certificado

ሰርቲፊኬት

uniforme escolar

ድቢዣ ቤትትምህርቲ

educación

ትምህርቲ

enciclopedia

ለክሲኮን

universidad

ዩኒቨርሲቲ

microscopio

ሚክሮስኮፕ

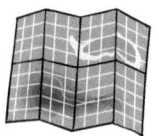

mapa

ካርታ

tacho (de basura)

ጎሓፍ ወረቐት

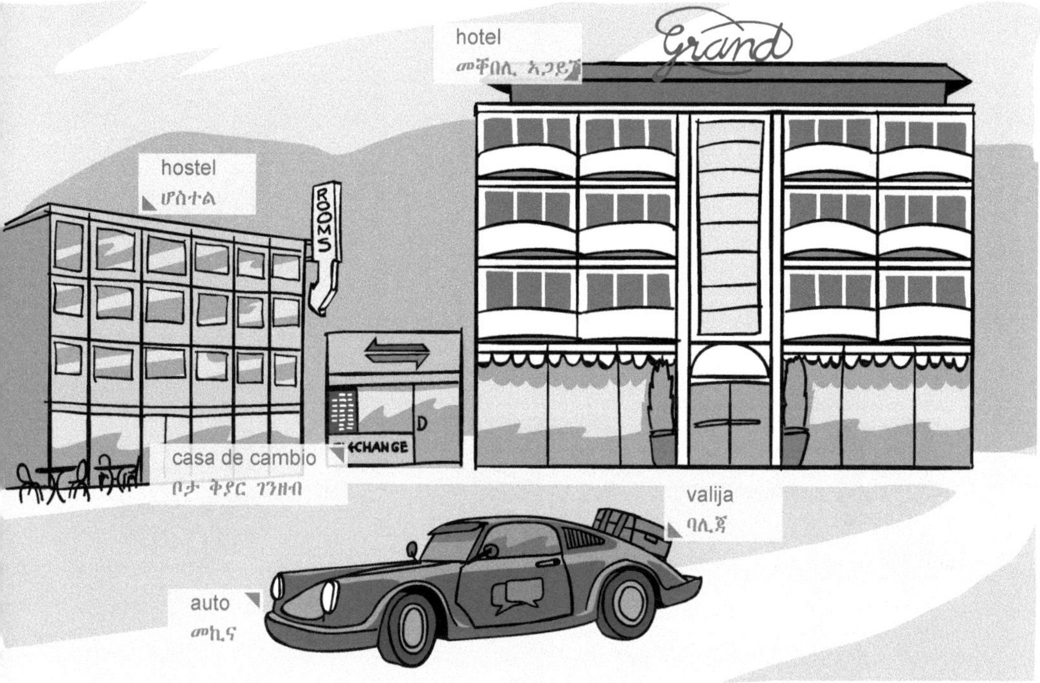
hotel
መቐበሊ ኣጋይሽ
Grand
hostel
ሆስተል
ROOMS
EXCHANGE
casa de cambio
ቦታ ቅያር ገንዘብ
valija
ባሊጃ
auto
መኪና

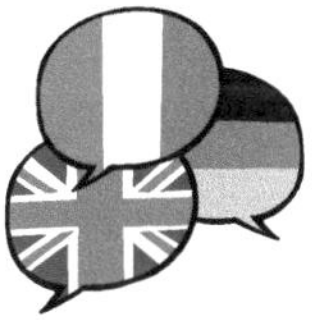

idioma

ቋንቋ

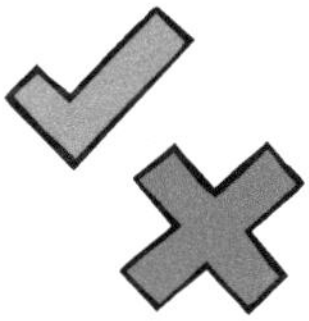

sí / no

እወ / ኖ

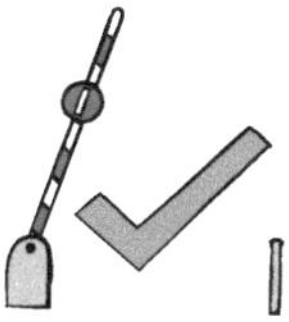

Está bien

ሕራይ

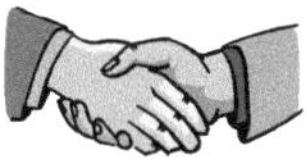

hola

ሰላም

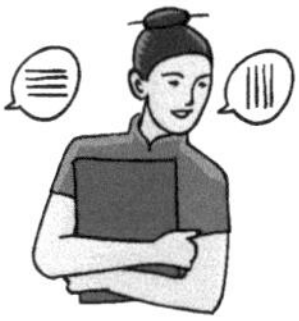

traductor

ኣስተርጓሚ

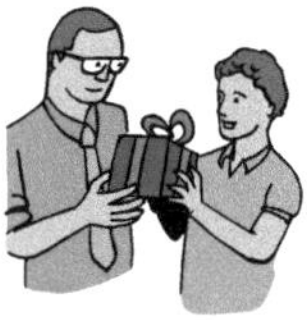

Gracias

የቐንየለይ

¿cuánto cuesta…?

. . . ክንደይ ዋግኡ?

No entiendo

ኣይተረድኣኹን

problema

ሽግር

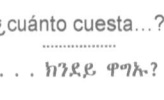

¡Buenas tardes!

ሰላም ምሸት!

¡Buenos días!

ከመይ ሓዲርካ

¡Buenas noches!

ሰላም ለይቲ

adiós

ደሓን ኩን

dirección

ኣንፈት

equipaje

ጕዓዝ

bolso

ሳንጣ

mochila

ሳንጣ ሕቘ

invitado

ጋሻ

habitación

ክፍሊ

bolsa de dormir

ክሻ መደቀሲ

carpa

ቴንዳ

información turística

....

ሓበሬታ በጻሕቲ ሃገር

playa

....

ገምገም ባሕሪ

tarjeta de crédito

....

ክረዲት ካርድ

desayuno

....

ቁርሲ

almuerzo

....

ምሳሕ

cena

....

ድራር

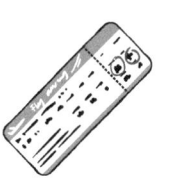

pasaje

....

ቲከት

ascensor

....

ሊፍት

sello

....

ማሕተም ደብዳበ

frontera

....

ዶብ

aduana

....

ድጓና

embajada

....

ኣምበሲ

visa

....

ቪዛ

pasaporte

....

ፓስፖርት

transporte

መጓጓዝያ

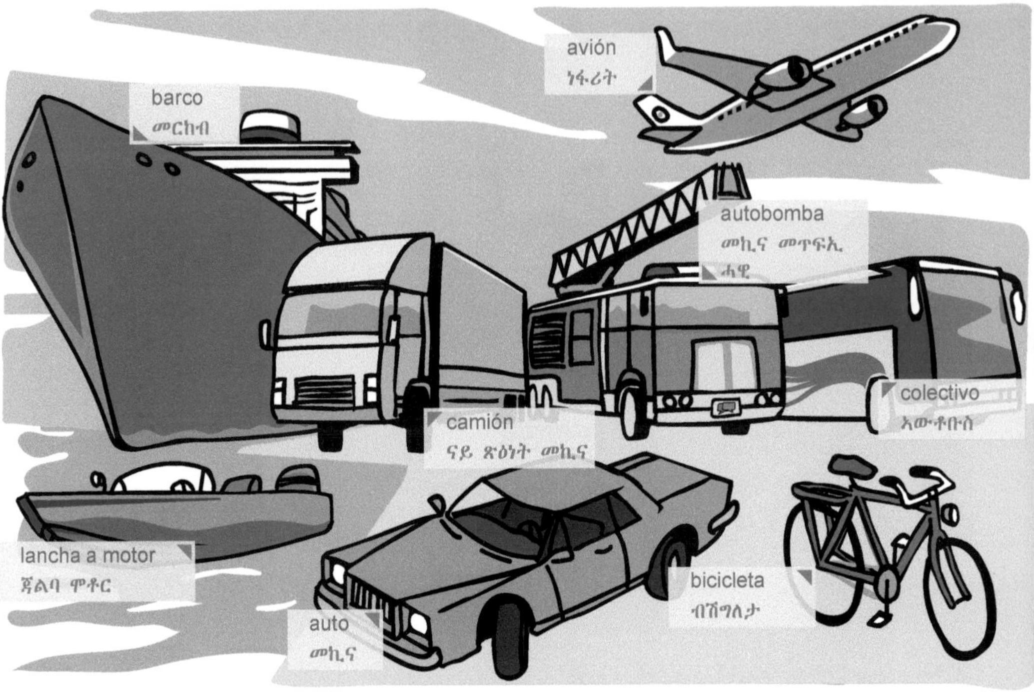
avión
ነፋሪት
barco
መርከብ
autobomba
መኪና መጥፍኢ ሓዊ
colectivo
ኣውቶቡስ
camión
ናይ ጽዕነት መኪና
lancha a motor
ጀልባ ሞቶር
bicicleta
ብሽግለታ
auto
መኪና

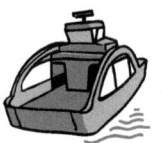

ferry

ፈሪ

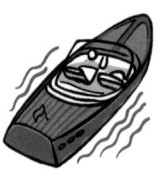

bote

ጀልባ

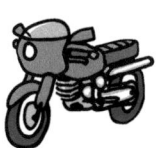

moto

ሞቶ

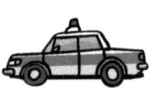

patrullero

መኪና ፖሊስ

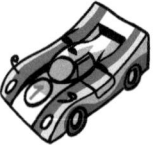

auto de carreras

መኪና ቅድድም

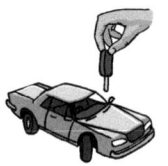

auto de alquiler

ክራይ መኪና

alquiler de autos

ምውፋይ መካይን

grúa

መወሰዲ መኪና

camión de basura

መኪና ጎሓፍ

motor

ሞቶር

nafta

ነዳዲ

estación de servicio

እንዳ ነዳዲ

señal de tránsito

ምልክት ትራፊክ

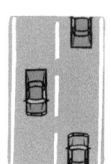

tránsito

ትራፊክ

embotellamiento

ምጭቕጫቕ ትራፊክ

estacionamiento

መዐሸጊ መኪና

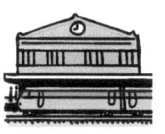

estación de tren

መዕረፊ ባቡር

vías

ሓዲግ

tren

ባቡር

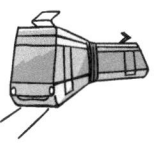

tranvía

ትረም

vagón

ባጎኒ

helicóptero

ሄሊኮፕተር

aeropuerto

መዓረፊ ነፈርቲ

torre

ታወር

pasajero

ተጎዓዚ

contenedor

ኮንተይነር

caja de cartón

ሳንዱቕ ካርቶን

carretilla

ኮርሳ ጽዕነት

canasta

ዘንቢል

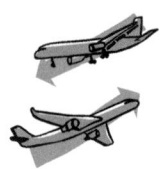

despegar / aterrizar

ተበገሰ / ዓለበ

ciudad

ከተማ

pueblo

ቍሸት

centro de ciudad

ማእከል ከተማ

casa

ገዛ

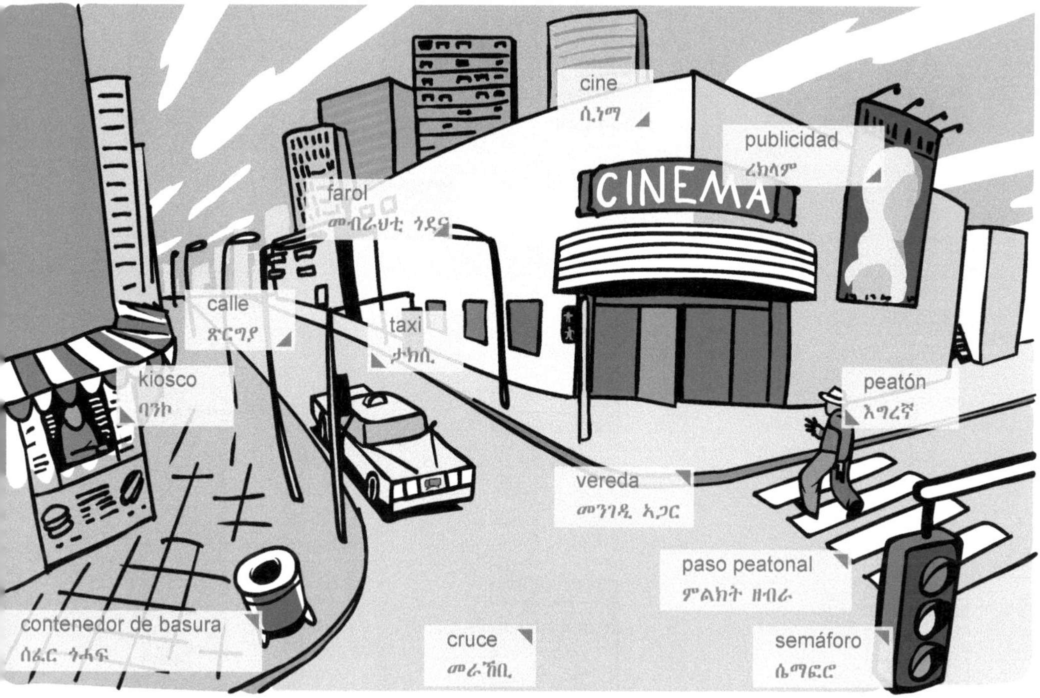

cine
publicidad
ረክላም
farol
calle
ጽርግያ
taxi
ታክሲ
kiosco
ባንኮ
peatón
እግረኛ
vereda
paso peatonal
ምልክት ዘብራ
contenedor de basura
cruce
መራኸቢ
semáforo

cabaña

ኣጕዶ

departamento

ኣፓርትመንት

estación de tren

መዕረፊ ባቡር

municipalidad

ቤት ምምሕዳር

museo

ቤተ መዘክር

colegio

ቤት-ትምህርቲ

universidad

....

ዩኒቨርሲቲ

banco

....

ባንክ

hospital

....

ሆስፒታል

hotel

....

መቐበሊ ኣጋይሽ

farmacia

....

ቤት መድሃኒት

oficina

....

ቤት ጽሕፈት

librería

....

ዱኳን መጽሓፍቲ

negocio

....

ዱኳን

florería

....

ዱኳን ዕንባባ

supermercado

....

ሱፐርማርከት

mercado

....

ዕዳጋ

grandes tiendas

....

ሹቕ

pescadería

....

ነጋዳይ ዓሳ

centro comercial

....

ሹቕ

puerto

....

መርሳ

parque

መዘናግዒ

banco

ባንኪ

puente

ድልድል

escaleras

መደያይቦ

subte

ባቡር ትሕቲ ምድሪ

túnel

ቢንቶ

parada del colectivo

መዕረፊ ኣውቶቡስ

bar

ቤት መስተ

restaurante

ቤት-መግቢ

buzón

ሰታሪት

letrero

ታቤላ

parquímetro

ሰዓት ፓርኪንግ

zoológico

መካነ እንስሳታት

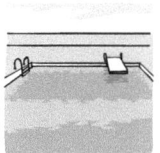

pileta

መሓምበሲ

mezquita

መስጊድ

granja

ቤት ሕርሻ

contaminación

ብከላ

cementerio

መቓብር

iglesia

ቤተክርስትያን

juegos infantiles

ቦታ ምጽዋት

templo

ቤት መቅደስ

paisaje

ስእሊ መሬት

hoja
ኣቝጽልቲ

poste indicador
መሕበሪ መገዲ

camino
መገዲ

pradera
ሸኻ

piedra
እምኒ

árbol
ኣግራብ

excursionista
ኮብላሊ

río
ፈለግ

hierba
ሳዕሪ

flor
ዕንባባ

valle

ስንጭሮ

montaña

ጎቦ

lago

ቀላይ

bosque

ዱር

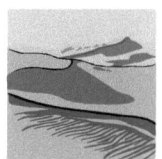

desierto

ምድረ በዳ

volcán

እሳተ-ጎመራ

castillo

ግምቢ

arco iris

ቀስተ-ደመና

champiñón

ቃንጥሻ

palmera

ዓርኮብኮባይ

mosquito

ጣንጡ

mosca

ሃመማ

hormiga

ጻጸ

abeja

ንህቢ

araña

ሳሬት

escarabajo

ሕንዚዝ

rana

ዕንቅርዖብ

ardilla

ምጽጹላይ

erizo

ቅንፍዝ

liebre

ማንቲለ

lechuza

ጉንጓ

pájaro

ጭሩ

cisne

ስዋን

jabalí

መፍለስ

ciervo

ዓጋዘን

alce

ሙስ

presa

ግድብ

aerogenerador

ተርባይን ንፋስ

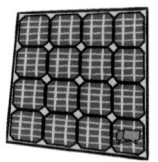

panel solar

ሶላር ስርሓት

clima

ኩነታት ኣየር

mozo
አሰሳፊ

menú
ካርታ
መግብታት

silla
መንበር

sopa
መረቅ

pizza
ፒትሳ

cubiertos
መመታተሪ

mantel
ክዳን ጣውላ

entrada

ቅድም ቀንዲ መግቢ

plato principal

ቀንዲ መኣዲ

postre

ድሕረ መግቢ

bebidas

መስተ

comida

መግቢ

botella

ጥርሙዝ

comida rápida

ስሉጥ መግቢ

comida callejera

መግቢ ጽርግያ

tetera

ብርጭቆ ሻሂ

azucarera

ታኒካ ሽኮር

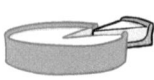

porción

ክፋል

cafetera expreso

ማሺን ኤስፐረሶ

sillita alta

ነዊሕ መንበር

cuenta

ጸብጻብ

bandeja

ታብለት

cuchillo

ካራ

tenedor

ፋርከታ

cuchara

ማንካ

cucharita

ማንካ ሻሂ

servilleta

ሰርቪየተ

vaso

ብኬሪ

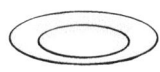

plato

ሸሓኒ

plato hondo

ሸሓኒ መረቕ

plato

ትሕቲ ኩባያ

salsa

ጸብሒ

salero

ወሃቢ ጨው

molinillo de pimienta

መጥሓን በርበረ

vinagre

ኣቸቶ

aceite

ዘይቲ

especias

ቀመም

kétchup

ከቹፕ

mostaza

ኣድሪ

mayonesa

ማዮኒዝ

supermercado

ሱፐርማርክት

oferta especial
ወፈያ
cliente
ዓሚል
lácteos
ፍርያታት ጸባ
fruta
ፍረታት
changuito
ሰረገላ ዱኳን

carnicería

እንዳ ስጋ

panadería

እንዳ ባኒ

pesar

ክብደት

verduras

ኣሕምልቲ

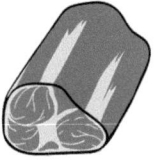

carne

ስጋ

alimentos congelados

መግቢ ፍሪጅ በረድ

fiambres

ዝሑል ቅሩብ መግቢ

alimentos enlatados

እስቃጥላ

detergente en polvo

ኣሞ

golosinas

ምቁር መግቢ

electrodomésticos

ዘቤታውያን ኣቕሑ

productos de limpieza

ናውቲ መጸረዪ

vendedora

ሸቃጣይ

caja

ካሳ

cajero

ተሓዝ ገንዘብ

lista de compras

ዝርዝር ምግዛእ

horario de atención

ክፉት ሰዓታት

billetera

ማሕፉዳ

tarjeta de crédito

ክረዲት ካርድ

cartera

ሳንጣ

bolsa de plástico

ፌስታል

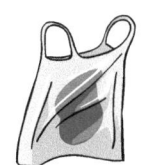

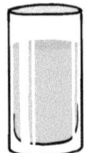

bebidas

መስተ

agua

ማይ

jugo

ጽማቝ

leche

ጸባ

bebida cola

ኮላ

vino

ነቢት

cerveza

ቢራ

alcohol

ኣልኮል

cacao

ካካው

té

ሻሂ

café

ቡን

café expreso

ኤስፕረሶ

cappuccino

ካፑቺኖ

comida

መግቢ

banana

ባናና

manzana

ቱፋሕ

naranja

ኣራንሺ

melón

ብርጭቕ

limón

ለሚን

zanahoria

ካሮት

ajo

ጻዕዳ ሽጉርቲ

bambú

ባምቡስ

cebolla

ሽጉርቲ

champiñón

ቅንጥሻ

nueces

ፉል

fideos

ፓስታ

tallarines

ስፓገቲ

arroz

ሩዝ

ensalada

ሰላጣ

papas fritas

ቅልዋ ድንሽ

papas fritas

ቅሉው ድንሽ

pizza

ፒትሳ

hamburguesa

ሃምቡርገር

sándwich

ፓኒኖ

churrasco

ቢስተካ

jamón

ሰለፍ ሓሰማ

salame

ሳላሚ

salchicha

ግዕዝም

pollo

ደርሆ

asado

ቀለወ

pescado

ዓሳ

copos de avena

ገዓት

muesli

ሙስሊ

copos de maíz

ኮርንፍለይክስ

harina

ሓርጭ

medialuna

ክሮሶን

pancito

ባኒ

pan

ባኒ

tostada

ቶስት

galletitas

ብሽኮቲ

manteca

ጠስሚ

cuajada

ርግኦ

torta

ፓስተ

huevo

እንቋቍሖ

huevo frito

ቅሉው እንቋቍሖ

queso

ፋርማጆ

helado

አይስ ክሪም

azúcar

ሽኮር

miel

መዓር

mermelada

ጀም

pasta de chocolate

ኑጋት-ክሪም

curry

ኩሪ

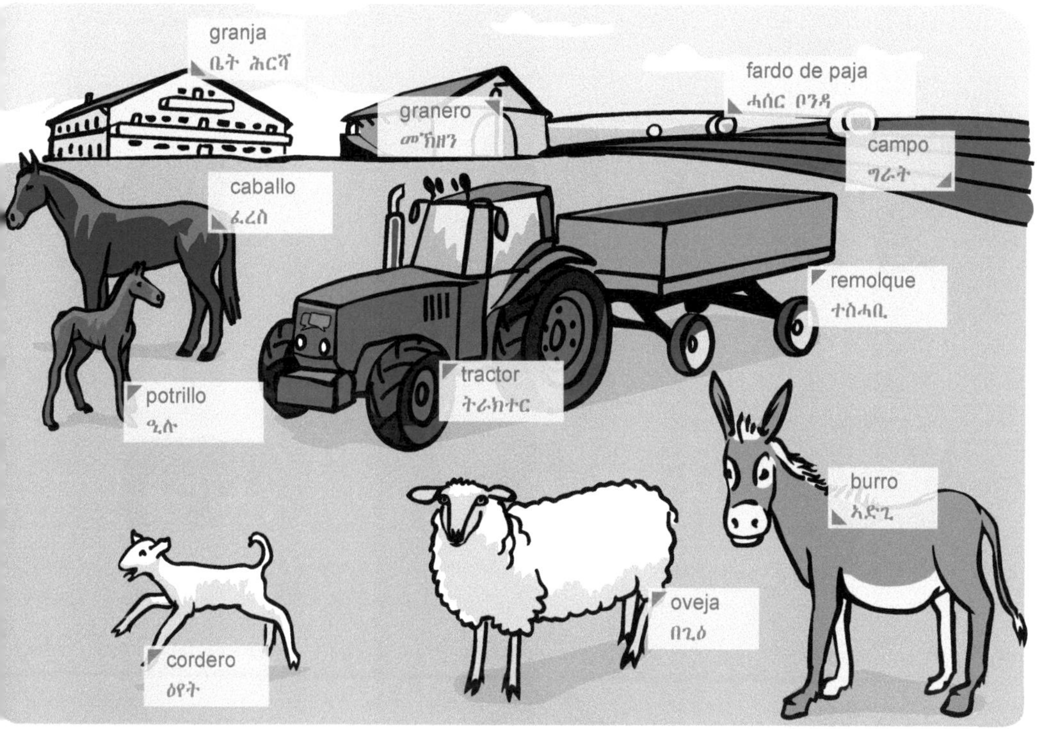

granja
ቤት ሕርሻ

granero
መኸዘን

fardo de paja
ሓሰር ቦንዳ

campo
ግራት

caballo
ፈረስ

remolque
ተስሓቢ

potrillo
ጊሉ

tractor
ትራክተር

burro
አድጊ

cordero
ዕየት

oveja
በጊዕ

cabra

ጤል

vaca

ብዕራይ

ternero

ምራኽ

cerdo

ሓሰማ

lechón

ውላድ ሓሰማ

toro

እርሓ

ganso

ዓዓ

pato

ማይ ደርሆ

pollo

ጫቑት

gallina

ደርሆ

gallo

ኣርሓ ደርሆ

rata

ኣንጨዋ ዓባይ

gato

ድሙ

ratón

ኣንጭዋ

buey

ብዕራይ

perro

ከልቢ

cucha

ኣጕዶ ከልቢ

manguera

ቱባ ጀርዲን

regadera

መዝፈፊ ማይ

guadaña

ዓቢ ማዕጺድ

arado

ማሕረሻ

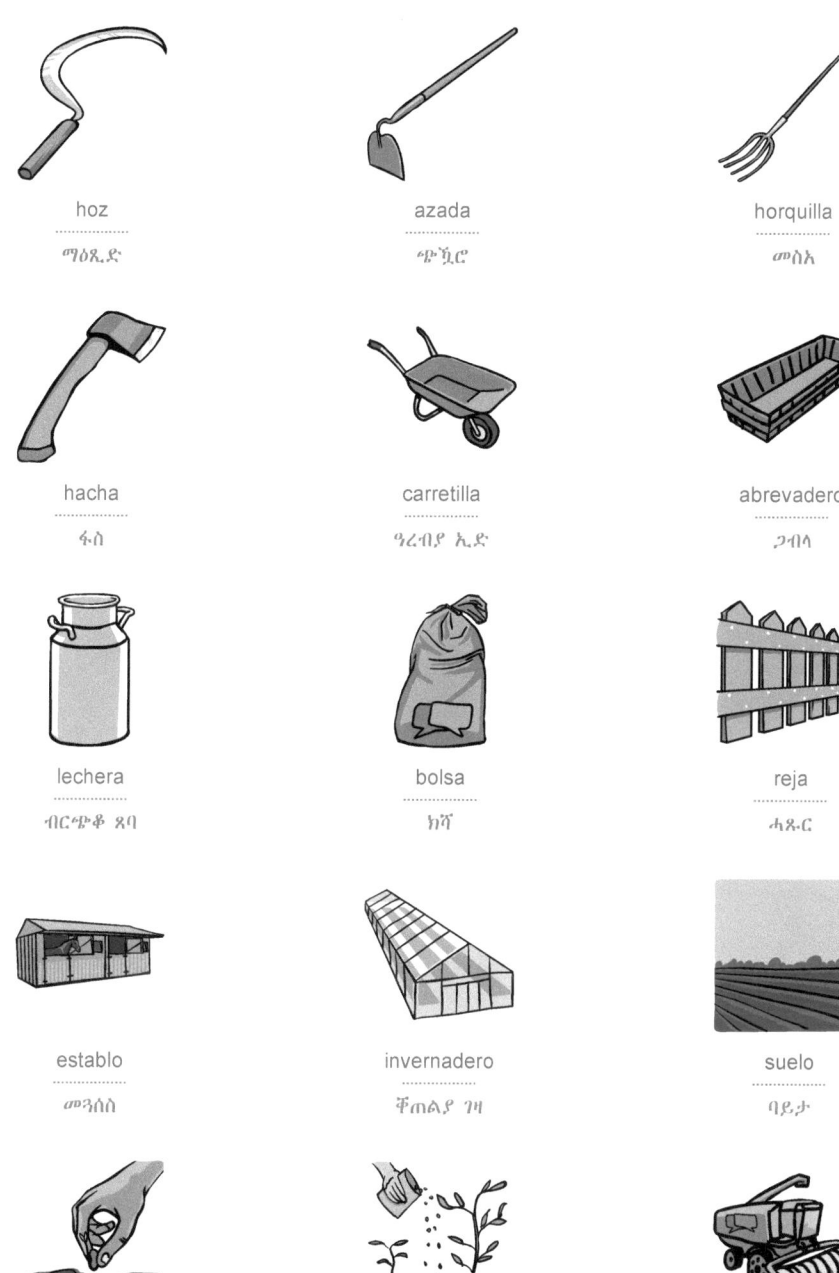

hoz

ማዕጺድ

azada

ጭኺሮ

horquilla

መስአ

hacha

ፋስ

carretilla

ዓረብያ ኢድ

abrevadero

ጋብላ

lechera

ብርጭቆ ጻባ

bolsa

ክሻ

reja

ሓጹር

establo

መጓሰስ

invernadero

ቐጠልያ ገዛ

suelo

ባይታ

semilla

ዘርኢ

fertilizador

ድኹዒ

cosechadora

ዘጣምር ቀውዓይ

cosechar

ቀውዐ

cosecha

ጻማ

batatas

ድንሽ ያም

trigo

ስርናይ

soja

ሶያ

papa

ድንሽ

maíz

ዕፉን

semilla de colza

ራፕስ

árbol frutal

ገረብ ፍረታት

mandioca

ማኒኦክ

cereales

ኣእኽል

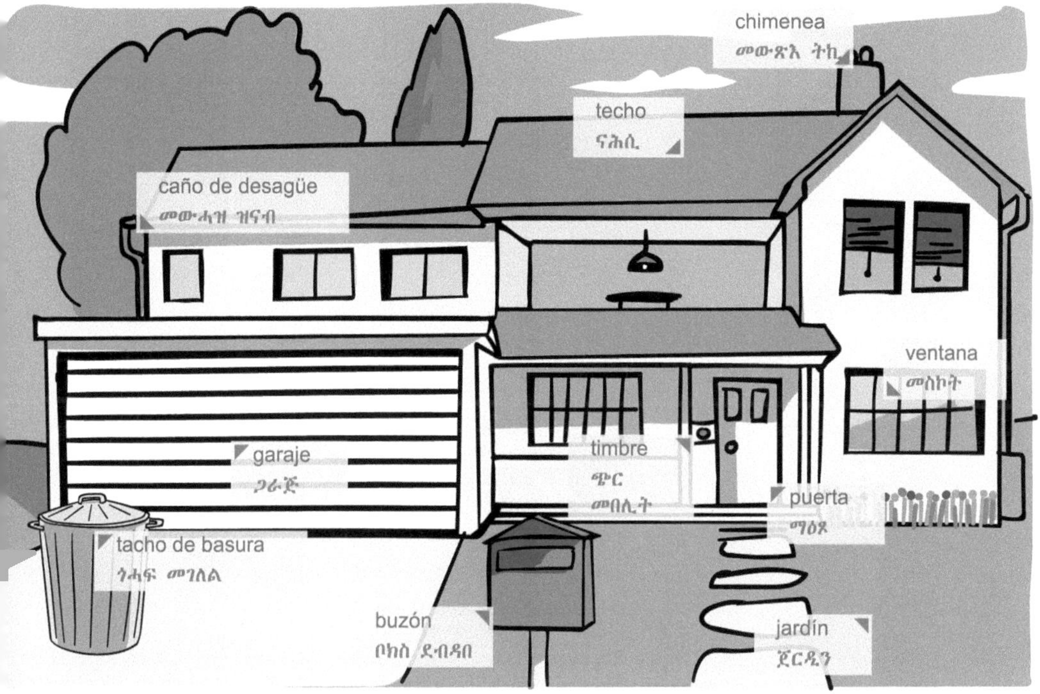

chimenea
መውጽአ ትኪ

techo
ናሕሲ

caño de desagüe
መውሓዝ ዝናብ

ventana
መስኮት

garaje
ጋራጅ

timbre
ጭር
መበሊት

puerta
ማዕጾ

tacho de basura
ጎሓፍ መገለል

buzón
ቦክስ ደብዳበ

jardín
ጀርዴን

living

ክፍሊ ምቕማጥ

baño

ክፍሊ ባንዮ

cocina

ክሽነ

dormitorio

ክፍሊ መደቀሲ

cuarto de los chicos

ክፍሊ ቆልዑ

comedor

መመገቢ ክፍሊ

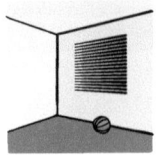

piso

ባይታ

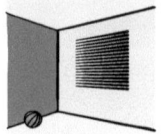

pared

መንደቕ

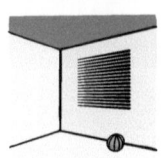

cielorraso

ከቦርታ

sótano

ካንቲና

sauna

ሳውና

balcón

ባልኮን

terraza

ዛላ

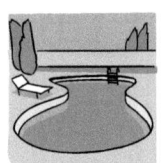

pileta

መሕምበሲ

cortadora de pasto

መቑረጺ ሳዕሪ

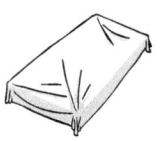

sábana

ኣንሶላ ዓራት

acolchado

ከቦርታ ዓራት

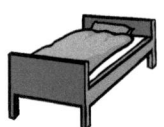

cama

ዓራት

escoba

መኾስተር

balde

መገለል

interruptor

መወልዒት

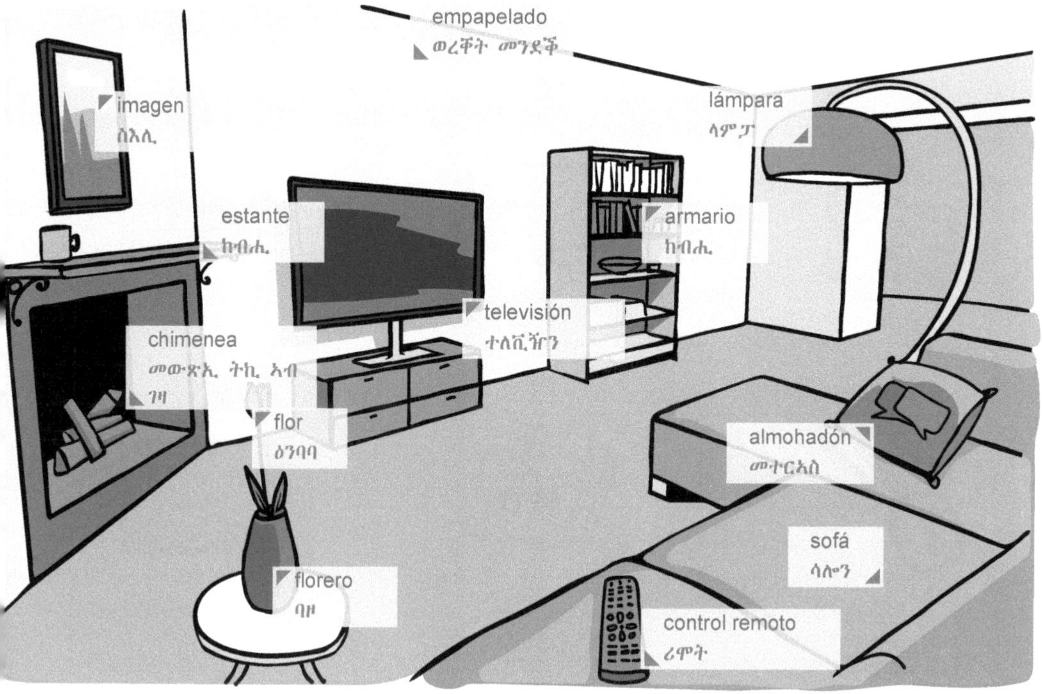

empapelado
ወረቐት መንደቕ
imagen
ስእሊ
lámpara
ላምፓ
estante
ከብሒ
armario
ከብሒ
televisión
ተለቪዥን
chimenea
መውጽኢ ትኪ ኣብ ገዛ
flor
ዕንባባ
almohadón
መተርኣስ
sofá
florero
ባዞ
control remoto
ሪሞት

alfombra

መንጸፍ

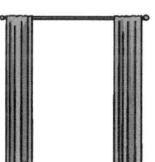

cortina

መጋረጃ

mesa

ጣውላ

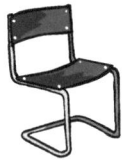

silla

መንበር

mecedora

ሰለል ዝብል መንበር

sillón

መንበር ምቹእ

libro

መጽሓፍ

frazada

ከቦርታ

decoración

ስልማት

leña

እንጨይቲ ሓዊ

película

ፊልም

equipo de música

ስተሪዮ

llave

መፍትሕ

diario

ጋዜጣ

pintura

ቕብኣ

póster

ፖስተር

radio

ረድዮ

cuaderno

ጥራዝ

aspiradora

መልገሲ ደሮና

cactus

በለስ

vela

ሽምዓ

cocina
ክሽነ

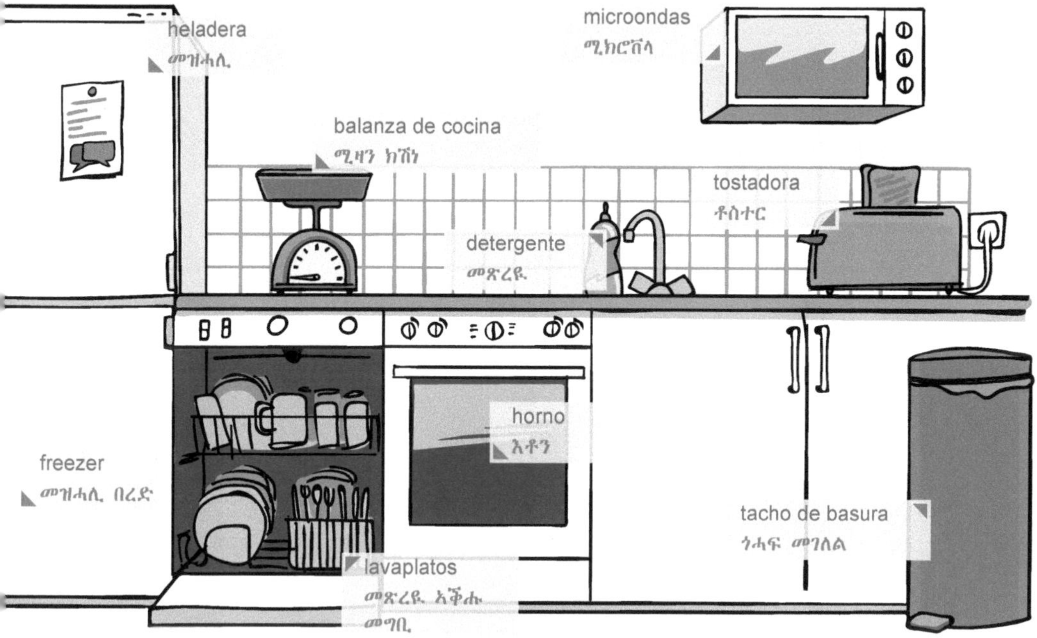

heladera
መዝሓሊ
microondas
ሚክሮቨላ
balanza de cocina
ሚዛን ክሽነ
tostadora
ቶስተር
detergente
መጽረዪ
horno
እቶን
freezer
መዝሓሊ በረድ
tacho de basura
ጎሓፍ መገለል
lavaplatos
መግቢ

cocina

መኸሸኒ

olla

ድስቲ

olla de hierro fundido

ድስቲ ሓጺን

wok

ቮክ/ካዳይ

sartén

ባደላ

pava

መውዓዪ ማይ

vaporera

መፍልሒ

bandeja de horno

ጓንቴራ ምስንካት

vajilla

ኣቕሑ መግቢ

taza

ብርጭቆ

bol

ጭሖሎ

palitos

ማንካቺና

cucharón

ማንካ መረቕ

estpátula

መገልበጢ ባደላ

batidora

መኾስተር ውርጪ

colador

መንፊት መግቢ

colador

መንፊት

rallador

መፋሕፍሒ

mortero

ሞርታር

parrilla

ባርቢክዩ

fogata

ስፍራ ሓዊ

36 cocina - ክሽነ

tabla de picar

....

እንጨይቲ ምምታር

palo de amasar

....

እንጨይቲ ኲረር

sacacorchos

....

መኽፈት ቡሽ

lata

....

ታኒካ

abrelatas

....

መኽፈቲ ታኒካ

manopla

....

ጨርቂ ድስቲ

pileta

....

ቡምባ

cepillo

....

ኣስባስላ

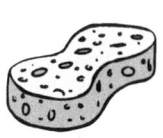

esponja

....

ሰፍነግ

batidora

....

ሓዋሲ ኣደባላቒ

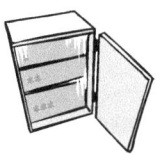

congelador

....

መዝሓሊ በረድ

mamadera

....

ጥርሙዝ ማማይ

canilla

....

ቡምባ ማይ

baño

ክፍሊ ባንዮ

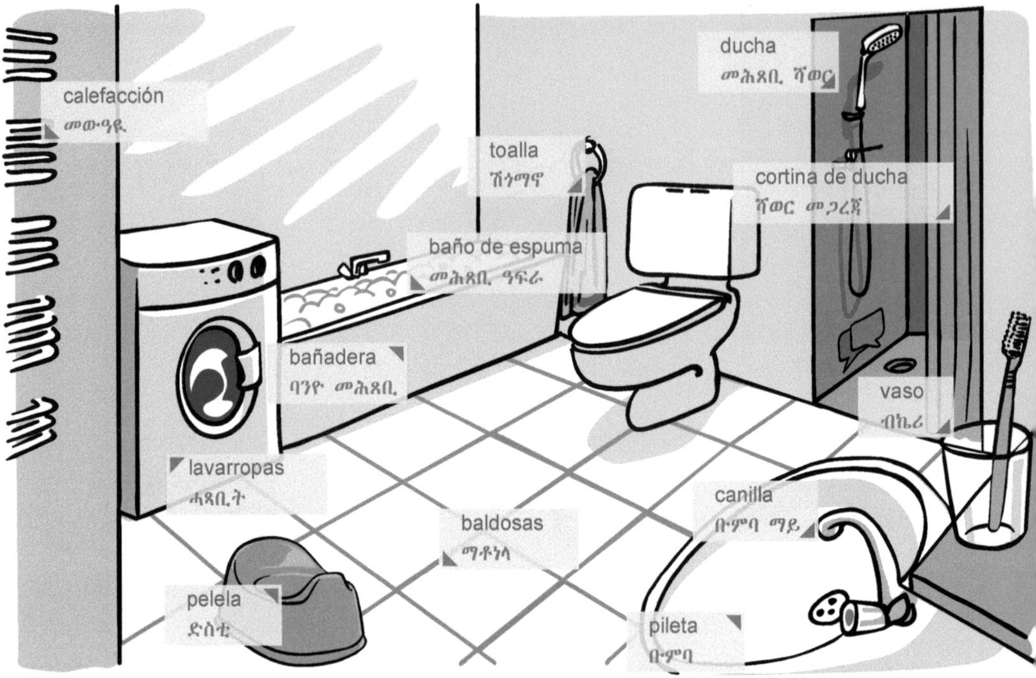

calefacción
መውዓዪ

ducha
መሕጸቢ ሻወር

toalla
ሽጎማኖ

cortina de ducha
ሻወር መጋረጃ

baño de espuma
መሕጸቢ ዓፍራ

bañadera
ባንዮ መሕጸቢ

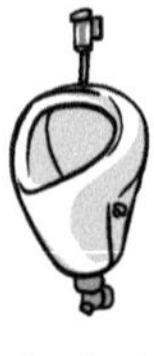

vaso
ብኪሪ

lavarropas
ሓጻቢት

canilla
ቡምባ ማይ

baldosas
ማቶነላ

pelela
ድስቲ

pileta
ቡምባ

inodoro	letrina	bidé
ሽቓቕ	ሽቓቕ ኩፍ	በዱ

mingitorio	papel higiénico	cepillo para el inodoro
ሽቓቕ ተባዕታይ	ወረቐት ሽቓቕ	ኣስባስላ ሽቓቕ

cepillo de dientes

ኣስባስላ ስኒ

dentífrico

ክረማ ስኒ

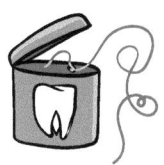

hilo dental

ሃሪ ስኒ

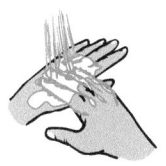

lavar

ሓጸበ

ducha de mano

ዱሽ ኢድ

ducha higiénica

ዱሽ

palangana

ብርጭቆ ምሕጻብ

cepillo para espalda

ኣስባስላ ሕቖ

jabón

ሳምና

gel de ducha

ሻወር ጀል

shampoo

ሻምፑ

toallita

ጨርቂ መሕጸቢ

desagüe

መውሓዚ

crema

ክረማ

desodorante

ደዮ ጨና

espejo

መስትያት

espejito

ናይ ኢድ መስትያት

maquinita de afeitar

መላጸ

espuma de afeitar

ዓፍራ ምልጻይ

aftershave

ጨና ድሕሪ ምልጻይ

peine

መመሸጥ

cepillo

ኣስባስላ

secador de pelo

መንቐጺ ጸጉሪ

spray

ስፕረይ ጸጉሪ

maquillaje

መመላኽዒ

lápiz de labios

ብርዒ ቀለም ከንፈር

esmalte para uñas

ኣዝማልቶ

algodón

ጸምሪ ጡጥ

tijera para uñas

መስደዲ ጽፍሪ

perfume

ጨና

portacosméticos

ሳንጣ መሕጸቢ

banqueta

ድኳ

balanza

ሚዛን

bata

ክዳን መሕጸቢ

guantes de goma

ጓንቲ መጸረዪ

tampón

ታምፖን

toallita femenina

ጨርቂ ሰበይቲ

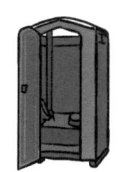

baño químico

ሽቓቕ ከሚስትሪ

cuarto de los chicos

ክፍሊ ቆልዑ

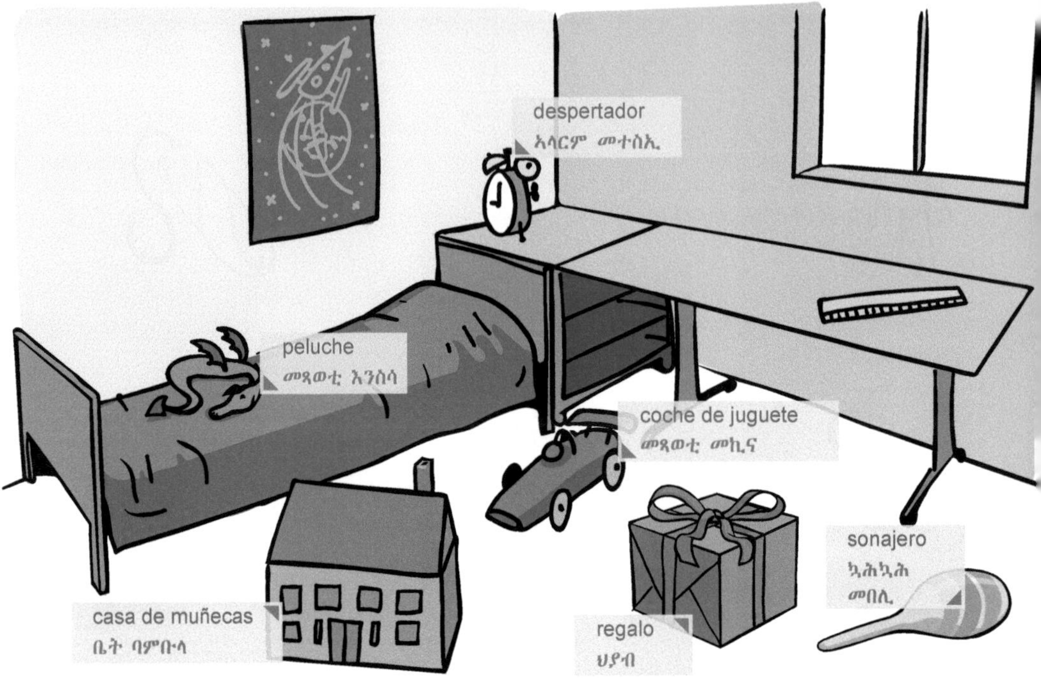
despertador
ኣላርም መተስኢ
peluche
መጻወቲ እንስሳ
coche de juguete
መጻወቲ መኪና
sonajero
ኳሕኳሕ
መበሊ
casa de muñecas
ቤት ባምቡላ
regalo
ህያብ

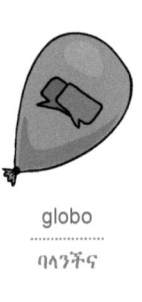

globo

ባላንችና

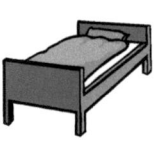

cama

ዓራት

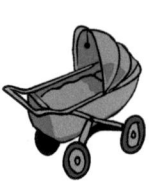

cochecito

ሰረገላ ህጻን

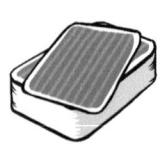

cartas

ጸወታ ካርታ

rompecabezas

ሕንቅሊተይ

historieta

ኮሚዲ

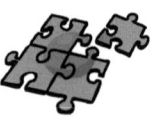

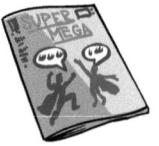

piezas de lego

እምንታት መጻወቲ ለጎ

ladrillos de juguete

መጻወቲ እምንታት

figura de acción

በዓል አክቸን

enterito (de bebé)

ክዳን ማማይ

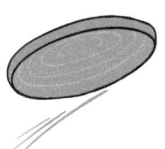

frisbee

ፍሪስቢ

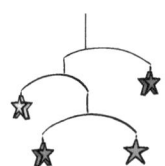

móvil para bebés

ሞባይል ማማይ

juego de mesa

ጸወታ ሰሌዳ

dados

ኩቦ

tren eléctrico

ሞደል ባቡር ምድሪ

chupete

ዓባስ

fiesta

ፓርቲ

libro de cuentos ilustrado

መጽሓፍ ስእሊ

pelota

ኩዕሶ

muñeca

ባምቡላ

jugar

ተጻወተ

arenero

መጻወቲ ሑጻ

hamaca

ሰላል

juguetes

መጻወቲታት

consola de videojuegos

ኮንሶል ቪድዮ

triciclo

መጻወቲ ሰለስተ መንኮርኮር

osito de peluche

ተዲ

armario

ከብሒ ክዳን

ropa

ክዳን

medias

ካልስታት

medias panty

ነዊሕ ካልስታት

calzas

ስረ ካልሲ

bufanda
ሻርባ

paraguas
ጽላል

remera
ማልያ

cinturón
ቁልፊ

botas
ረፉዕ

pantuflas
ጫማ ገዛ

zapatillas
ስኒከርስ

sandalias
ሽበጥ

zapatos
ጫማ

botas de goma
ረፉዕ ጎማ

ropa interior
ሙታንታ

corpiño
ክዳን ጡብ

chaleco
ትሕተ ካሚቻ

body

....

ቦዲ

pantalones

....

ስረ

jeans

....

ጂንስ

pollera

....

ቀምሽ

blusa

....

ካምቻ

camisa

....

ካሚቻ

pulóver

....

ጉልፎ

buzo

....

ጎልፎ

blazer

....

ጃኬት

campera

....

ጃከት

tapado

....

ጁባ

piloto

....

ክዳን ዝናብ

traje

....

ኮስቱም

vestido

....

ቀምሽ

vestido de novia

....

ቀምሽ መርዓ

traje

ልብሲ

camisón

ካሚቻ ለይቲ

pijama

ክዳን ለይቲ

sari

ሳሪ

pañuelo para cabeza

መሃረብ ርእሲ

turbante

ቱርባን

burka

ቡርካ

caftán

ካፍታን

abaya

ኣባያ

traje de baño

ክዳን መሕምበሲ

short de baño

ስረ መሕምበሲ

shorts

ሓጺር ስረ

jogging

ክዳን ታዕሊም

delantal

በጃ ክዳን

guantes

ጓንቲ

botón

መልጎም

anteojos

መነጽር

pulsera

በንናጅር

collar

ማዕተብ

anillo

ቀለበት

aro

ኩትሻ

gorra

ቆብዕ

percha

መንበሪ ጁባ

sombrero

ባርኔጣ

corbata

ካርራቫት

cierre

ሻርኔጣ

casco

ሀልመት

tiradores

መድልደል ስረ

uniforme escolar

ድቢዛ ቤትትምህርቲ

uniforme

ድቢዛ

babero

ሰደርያ ቆልዓ

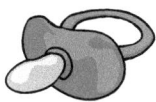

chupete

ዓባስ

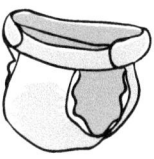

pañal

ጨርቂ ማማይ

oficina
ቤት ጽሕፈት

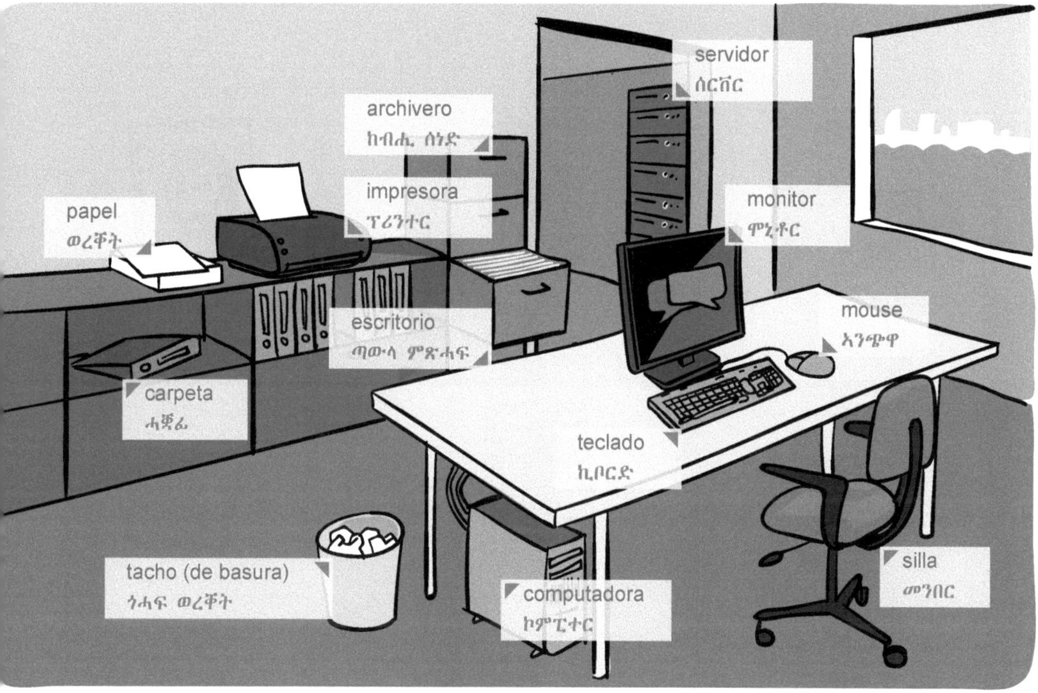

servidor
ሰርቨር

archivero
ከብሒ ሰነድ

impresora
ፕሪንተር

monitor
ሞኒተር

papel
ወረቐት

mouse
አንጭዋ

escritorio
ጣውላ ምጽሓፍ

carpeta
ሓጻፊ

teclado
ኪቦርድ

tacho (de basura)
ጎሓፍ ወረቐት

silla
መንበር

computadora
ኮምፒተር

taza de café

ብርጭቆ ቡን

calculadora

ካልኩለተር

internet

ኢንተርነት

laptop

ለፐቶፐ

carta

ደብዳበ

mensaje

መልእኽቲ

celular

ሞባይል

red

ነትወርክ/መርበብ

fotocopiadora

መቅድሒ ፎቶኮፒ

software

ሶፍትዌር

teléfono

ተለፎን

tomacorriente

ሶከት ኳረንቲ

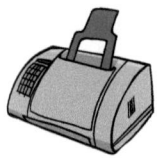

fax

ፋክስ

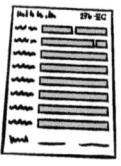

formulario

ፎርም

documento

ሰነድ

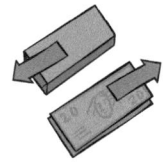

comprar

ገዝአ

pagar

ከፈለ

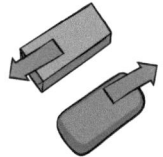

hacer negocios

ንግዲ

dinero

ገንዘብ

dólar

ዶላር

euro

ኦይሮ

yen

የን

rublo

ሩብል

franco suizo

ስዊዝ ፍራንክን

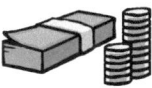

yuan

ረንሚንቢ ዩዋን

rupia

ሩፒየ

cajero automático

መውጽኢ ማሺን ገንዘብ

casa de cambio

ቦታ ቅያር ገንዘብ

oro

ወርቂ

plata

ብሩር

petróleo

ዘይቲ

energía

ሓይሊ

precio

ዋጋ

contrato

ውዕል

impuesto

ቀረጽ

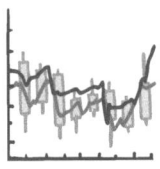

acción

እኩብ ጥረ-ነገራት

trabajar

ሰርሐ

empleado

ሰራሕተኛ

empleador

ኣስራሒ

fábrica

ትካል

negocio

ዱኳን

policía
በዓል ፖሊሳ

bombero
መጠፊኢ
ሓዊ

cocinero
ከሸኒ

médico
ሓኪም

piloto
መራሒ ነፋሪት

jardinero

ሰራሕተኛ ጀርዲን

carpintero

ጸራቢ ዕንጸይቲ

modista

ሰፋይት

juez

ፈራዳይ

farmacéutico

ቀማሚ

actor

ተዋሳኢ

colectivero

መራሒ ኣዉቶቡስ

taxista

ኣውቲስታ ታክሲ

pescador

ገፋፊ ዓሳ

mucama

ጸራጊት

techista

ሃናጻይ ናሕሲ

mozo

ኣሰላፊ

cazador

ሃዳናይ

pintor

ሰኣላይ

panadero

እንዳ ሕብስቲ

electricista

ኤለትሪከኛ

albañil

ሃናጺ ኣባይቲ

ingeniero

ሃንዳሲ

carnicero

ሰራሕተኛ እንዳ ስጋ

plomero

ድራብሊኮ

cartero

ኣማላሲ ፖስጣ

54 ocupaciones - ሞያታት

soldado

ወተሃደር

arquitecto

መሃንድስ

cajero

ተሓዝ ገንዘብ

florista

ሰራሕተኛ ዕምባባ

peluquero

ቀምቃማይ

cobrador

ፈተሪኖ

mecánico

መካኒክ

capitán

መራሒ መርከብ

dentista

ሓኪም ስኒ

científico

ተመራማሪ

rabino

ራቢ

imán

ኢማም

monje

ፈላሲ

sacerdote

ቀሺ

herramientas

ናውቲ

martillo
ሞደሻ
tenaza
ጉጤት
destornillador
ዘዋር መስኒ
llave
linterna
ላምፓዲና

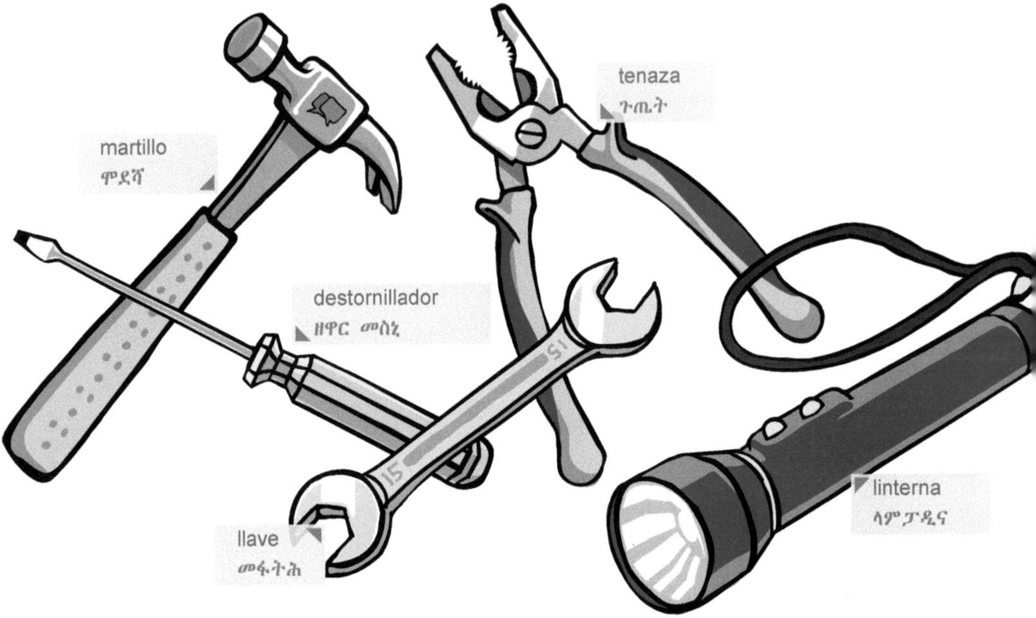

excavadora

....

ፈሓሪ

caja de herramientas

....

ናውቲ ቦክስ

escalera portátil

....

መደያይቦ

sierra

....

መጋዝ

clavos

....

መስማር

taladro

....

ኰዓቲ

arreglar

ምዕራይ

pala de jardín

ባደላ

¡Qué bronca!

አይ!

pala de plástico

መትሓዚ ዶሮና

tacho de pintura

ድስቲ ቀለም

tornillos

ካቻቢተ

instrumentos musicales

መሳርሒ ሙዚቃ

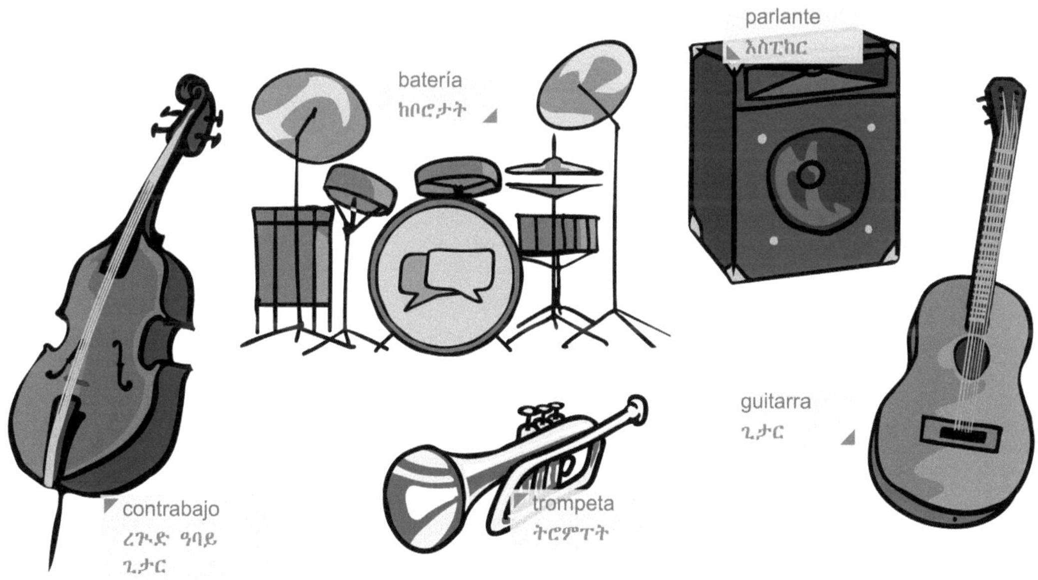

parlante
እስፒከር

batería
ከበሮታት ◢

guitarra
ጊታር ◢

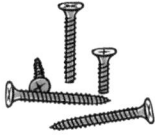

▼ contrabajo
ረጐድ ዓባይ
ጊታር

trompeta
ትሮምፐት

piano

ፒያኖ

violín

ቪዮሊን

bajo

ባስ ጊታር

timbales

ቲምንኢ

tambor

ከቦሮ

teclado

ኦርጋን

saxofón

ሳክሶፎን

flauta

ሻምብቆ

micrófono

ሚክሮፎን

zoológico

መካነ እንስሳታት

entrada
መእተዊ
tigre
jaula
ጎብያ
cebra
alimento para animales
መግቢ እንስሳ
oso panda
ፓንዳ

animales

እንስሳታት

elefante

ሓርማዝ

canguro

ካንጋሩ

rinoceronte

ሓሪሽ

gorila

ጉሪላ

oso

ድቢ

camello
ገመል

avestruz
ሰገን

león
ኣንበሳ

mono
ህበይ

flamenco
ፍላሚንጎ

loro
ሕንጻይ

oso polar
ድቢ በረድ

pingüino
ፐንጉን

tiburón
ክልቢ ዓሳ

pavo real
ጣውስ

serpiente
ተመን

cocodrilo
ሓርገጽ

cuidador del zoológico
ሓላዊ ቤት ገርድሽ

foca
ዓሳ ዚምገብ እንስሳ ባሕሪ

jaguar
ጃጓር

poni

ሓጺር ፈረስ

leopardo

ነብሪ

hipopótamo

ጉማረ

jirafa

ጂራፍ

águila

ሊላ

jabalí

መፍለስ

pescado

ዓሳ

tortuga

ጎብየ

morsa

ዋልሩስ

zorro

ወኻርያ

gacela

ሰስሓ

deportes

ስፖርት

fútbol americano
ናይ ኣሜሪካ ኲዕሶ እግሪ
ciclismo
ምዝዋር ብሽግለታ
tenis
ተኒስ
básquet
ባስከትባል
natación
ምሕምባስ
boxeo
ቦክሲንግ
hockey sobre hielo
ሆኪ በረድ

fútbol
ኲዕሶ እግሪ

bádminton
ባድሚንቶን

atletismo
እስፖርታዊ ንጥፈታት

handball
ኲዕሶ ኢድ

esquí
ስኪ

polo
ፖሎ

saltar
ነጠረ
abrazar
ሓቖፈ
reír
ሰሓቐ
caminar
cantar
ደረፈ
soñar
ሓለመ
rezar
ጸለየ
besar
ሰዓመ

escribir

ጸሓፈ

dibujar

ሰኣለ

mostrar

ኣርኣየ

presionar

ደፍአ

dar

ሃበ

tomar

ወሰደ

tener

አለወ

hacer

ገበረ

ser

ኮነ

estar parado

ጠጠው በለ

correr

ጎየየ

tirar

ሰሓበ

tirar

ሰንደወ

caer

ወደቐ

estar acostado

ሓሰወ

esperar

ተጸበየ

llevar

ሰከም

estar sentado

ኮፍ በለ

vestirse

ተኸድነ

dormir

ደቀሰ

despertar

ተስአ

mirar

....

ረአየ

llorar

....

በኸየ

acariciar

....

ብኣጻብዑ ደረዘ

peinar

....

መሸጠ

hablar

....

ተዛረበ

entender

....

ተረድአ

preguntar

....

ሓተተ

escuchar

....

ሰምዐ

beber

....

ሰተየ

comer

....

በልዐ

ordenar

....

ኣቐመጠ

amar

....

ኣፍቀረ

cocinar

....

ከሸነ

manejar

....

ዘወረ

volar

....

ነፈረ

navegar

ብመርከብ ገየሸ

calcular

ደመረ

leer

ኣንበበ

aprender

ተመሃረ

trabajar

ሰርሐ

casarse

መርዓወ

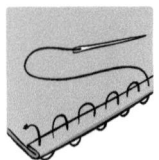

coser

ሰፈየ

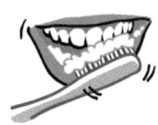

cepillarse los dientes

ጽሬት ኣስናን

matar

ቀተለ

fumar

ሽጋራ ተከኸ

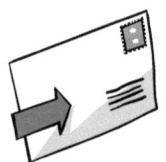

enviar

ሰደደ

abuela
ዓባየ

abuelo
አቦሓጎ

padre
አቦ

madre
አደ

bebé
ማማይ

hija
ጓል

hijo
ወዲ

invitado

ጋሻ

tía

ሓትኖ

tío

አኮ

hermano

ሓው

hermana

ሓፍቲ

cuerpo
ኣካላት

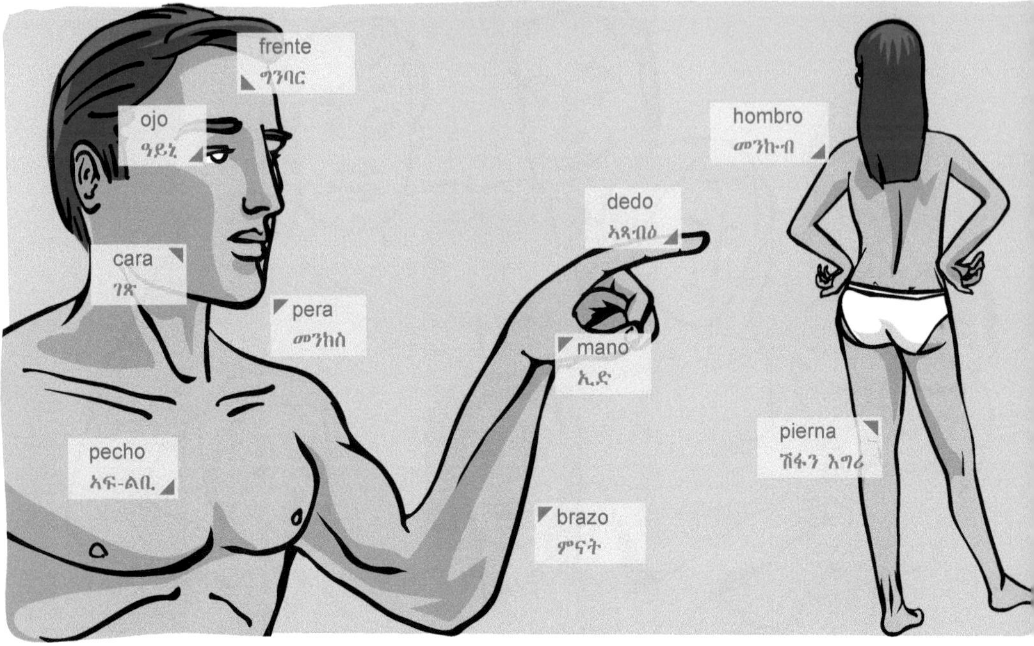

frente
ግንባር
ojo
ዓይኒ
hombro
መንኩብ
dedo
cara
ገጽ
pera
መንከስ
mano
ኢድ
pecho
pierna
ሽፋን እግሪ
brazo
ምናት

bebé

ማማይ

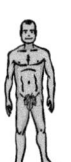

hombre

ሰብኣይ

mujer

ሰበይቲ

nena

ጓል

nene

ወዲ

cabeza

ርእሲ

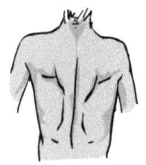

espalda

ሕቖ

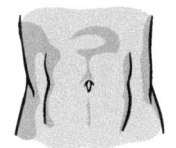

panza

ከስዐ

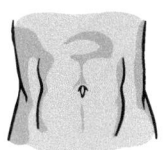

ombligo

ሕምብርቲ

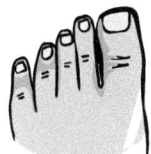

dedo del pie

ኣጻብዕ እግሪ

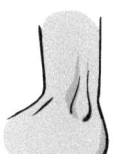

talón

ኩርኾረ

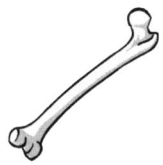

hueso

ዓጽሚ

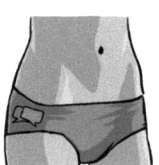

cadera

ምሕኹልቲ

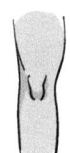

rodilla

ብርኪ

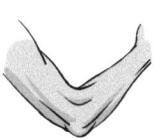

codo

ፎግፎጐ

nariz

ኣፍንጫ

cola

መዓኮር

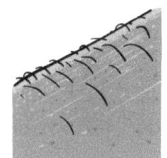

piel

ቆርበት

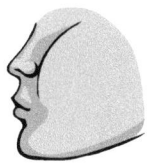

cachete

ምዕጉርቲ

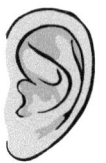

oreja

እዝኒ

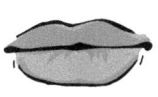

labio

ከንፈር

boca

ኣፍ

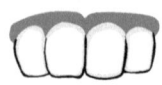

diente

ስኒ

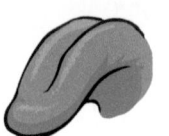

lengua

መልሓስ

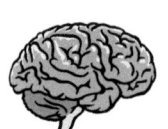

cerebro

ሓንጎል

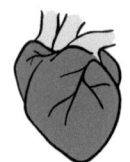

corazón

ልቢ

músculo

ጭዋዳ

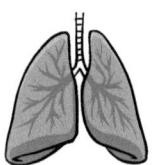

pulmón

ሳንቡእ

hígado

ጸላም ከብዲ

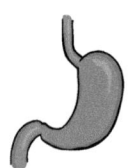

estómago

ከብዲ

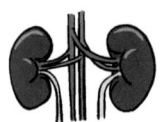

riñones

ኩሊት

sexo

ግብረ ስጋ

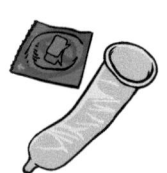

preservativo

ኮንዶም

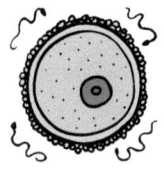

óvulo

እንቋቑሖ

semen

ዘርኢ ተባዕታይ

embarazo

ጥንሲ

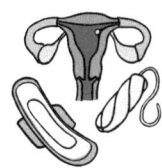

menstruación
ጽግያት

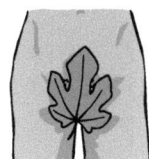

vagina
ርሕሚ

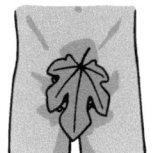

pene
መትሎ

ceja
ሽፋሽፍቲ

pelo
ጸጉሪ

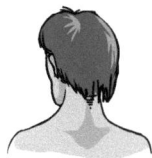

cuello
ክሳድ

hospital

ሆስፒታል

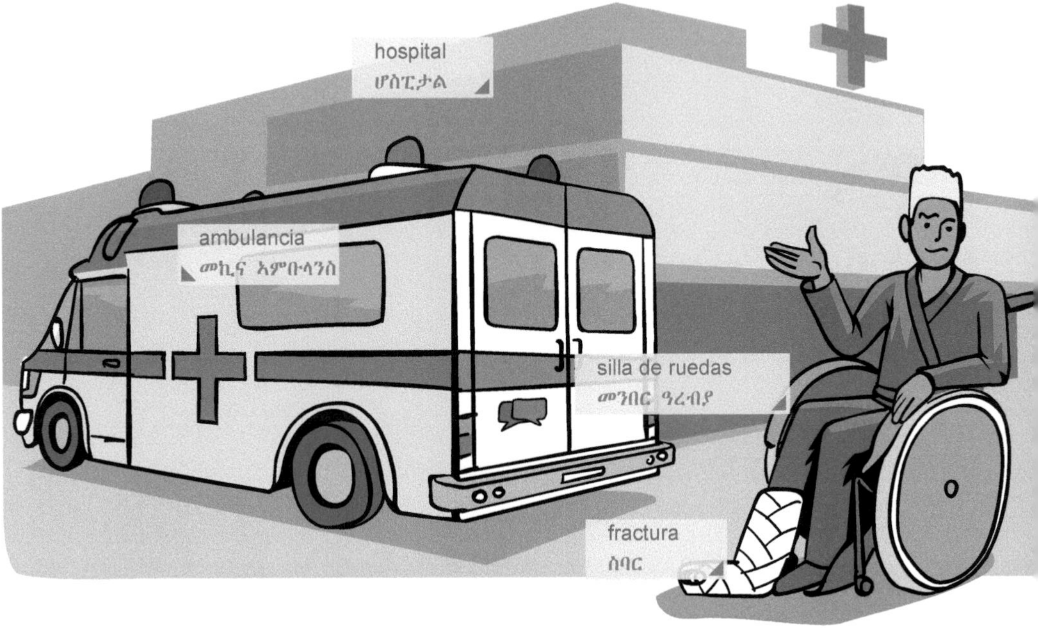

ambulancia
መኪና ኣምቡላንስ
silla de ruedas
መንበር ዓረብያ
fractura
ስባር

médico

ሓኪም

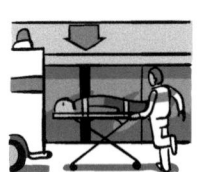

sala de guardia

ክፍሊ ህጹጽ ረድኤት

enfermera

ኣላይት

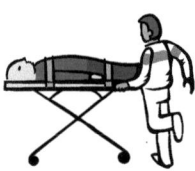

emergencia

ህጹጽ ኩነት

inconsciente

ውነኡ ዘጥፍአ

dolor

ቃንዛ

lesión

ጉድኣት

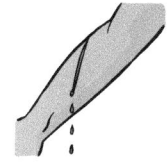

hemorragia

ደም

infarto

ማህረምቲ

ACV

ማህረምቲ

alergia

ኣለርጂ

tos

ሰዓል

fiebre

ረስኒ

gripe

ኢንፍልወንዛ

diarrea

ውጽኣት

dolor de cabeza

ቃንዛ ርእሲ

cáncer

መንሽሮ

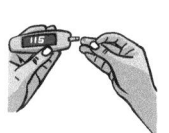

diabetes

ሹኮርያ

cirujano

ሓኪም መጥባሕቲ

bisturí

መጥብሒ

operación

መጥባሕቲ

TC

CT

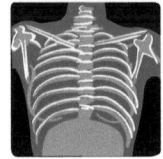

rayos x

ራጂ

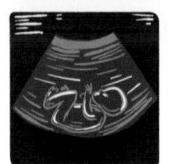

ecografía

ልዕለ ድምጻዊ

barbijo

መሸፈኒ ገጽ

enfermedad

ሕማም

sala de espera

ክፍሊ ምጽባይ

muleta

ምርኩስ

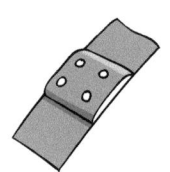

curita

መጀነኒ ቑስሊ

venda

መጀነኒ

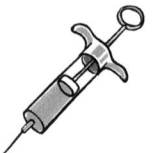

inyección

መርፍዕ ምውጋእ

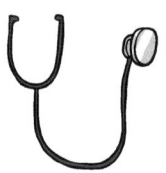

estetoscopio

ስተቶስኮፕ

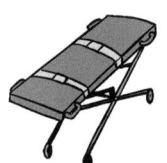

camilla

መሰከሚ ሕማም

termómetro

ቴርሞመተር

nacimiento

ትውልዲ

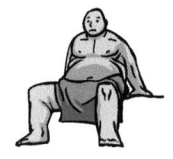

sobrepeso

ልዕለ-ሚዛን

audífono

ሓገዝ ምስማዕ

desinfectante

ኣንጻሂ

infección

ልበዳ

virus

ቫይረስ

VIH / SIDA

ኤድስ

remedio

ሕክምና

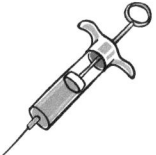

vacunación

ክታበ

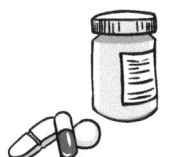

comprimidos

ከኒና

pastilla anticonceptiva

ከኒና

llamada de emergencia

ህጹጽ ምድዋል

tensiómetro

መዕቀኒ ጸቕጢ ደም

enfermo / sano

ሕሙም / ጥዑይ

emergencia

ህጹጽ ኩነት

¡Ayuda!

ሓገዝ

alarma

ኣላርም

agresión

ምህጃም

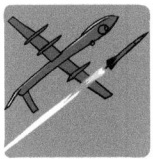

ataque

መጥቃዕቲ

peligro

ድንገት

salida de emergencia

ህጹጽ መውጽኢ

¡Fuego!

ሓዊ!

matafuego

መጥፍኢ ሓዊ

accidente

ሓደጋ

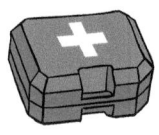

botiquín de primeros auxilios

ሳንጣ ቀዳማይ ረድኤት

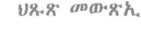

SOS

SOS

policía

ፖሊስ

Tierra

ምድሪ

Europa

....

ኤውሮጳ

América del Norte

....

ሰሜን ኣመሪካ

América del Sur

....

ደቡብ ኣመሪካ

África

....

ኣፍሪቃ

Asia

....

ኤስያ

Australia

....

ኣውስትራልያ

Atlántico

....

ኣትላንቲክ

Pacífico

....

ፓሲፊክ

Océano Índico

....

ህንዳዊ ዉቕያኖስ

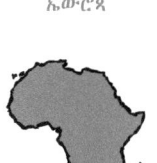

Océano Antártico

....

ኣንታርቲካዊ ዉቕያኖስ

Océano Ártico

....

ኣርክቲካዊ ዉቕያኖስ

polo norte

....

ሰሜናዊ ዋልታ

polo sur

ደቡባዊ ዋልታ

Antártida

ኣንታርቲካ

Tierra

ምድሪ

tierra

መሬት

mar

ባሕሪ

isla

ደሴት

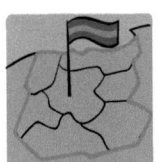

nación

ሃገር

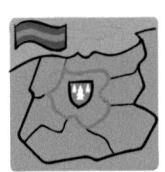

estado

ዓዲ

reloj

ሰዓት

esfera

ገጽ ሰዓት

manecilla de las horas

ኣመልካቲ ሰዓታት

minutero

ኣመልካቲ ደቃይቕ

segundero

ኣመልካቲ ካልኢት

¿Qué hora es?

ሰዓት ክንደይ ኣሎ?

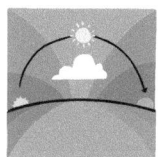

día

መዓልቲ

hora

ግዜ

ahora

ሕጂ

reloj digital

ዲጂታል ሰዓት

minuto

ደቒቕ

hora

ሰዓት

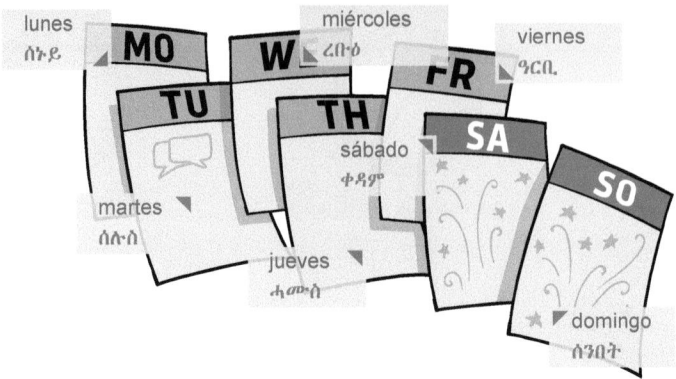

lunes — ሰኑይ
miércoles — ረቡዕ
viernes — ዓርቢ
martes — ሰሉስ
sábado — ቀዳም
jueves — ሓሙስ
domingo — ሰንበት

ayer
....
ትማሊ

hoy
....
ሎሚ

mañana
....
ጽባሕ

mañana
....
ንጎሆ

mediodía
....
ቀትሪ

tarde
....
ምሸት

MO	TU	WE	TH	FR	SA	SU
1	2	3	4	5	6	7
8	9	10	11	12	13	14
15	16	17	18	19	20	21
22	23	24	25	26	27	28
29	30	31	1	2	3	4

días hábiles
....
መዓልታት ስራሕ

MO	TU	WE	TH	FR	SA	SU
1	2	3	4	5	6	7
8	9	10	11	12	13	14
15	16	17	18	19	20	21
22	23	24	25	26	27	28
29	30	31	1	2	3	4

fin de semana
....
መወዳእታ ሰሙን

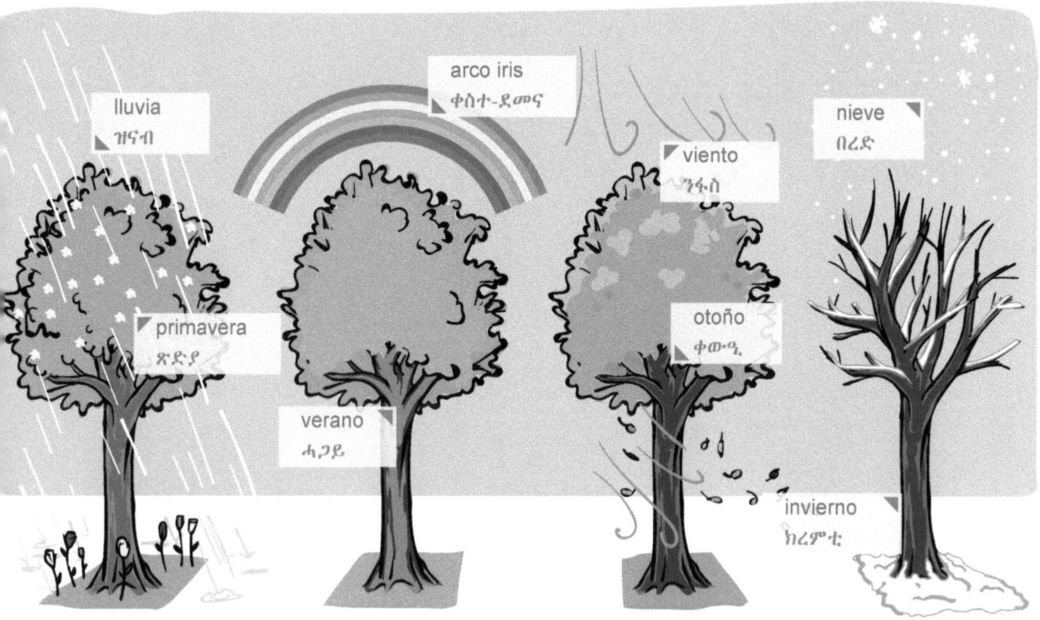

lluvia
ዝናብ

arco iris
ቀስተ-ደመና

nieve
በረድ

viento
ንፋስ

primavera
ጸደይ

otoño
ቀውዒ

verano
ሓጋይ

invierno
ክረምቲ

4.APRIL	11°	☀
5.APRIL	4°	☁
6.APRIL	13°	☂
7.APRIL	8°	❄
8.APRIL	10°	☀

pronóstico meteorológico

ትንቢት ኩነታት ኣየር

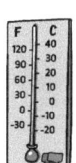

termómetro

ቴርሞመተር

luz del sol

ብርሃን ጸሓይ

nube

ደበና

niebla

ግመ

humedad

ጠሊ

rayo

ብርቂ

trueno

ነጐዳ

tormenta

ህቦብላ

granizo

በረድ

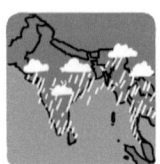

monzón

ብርቱዕ ህቦብላ

inundación

ውሕጅ

hielo

በረድ

enero

ጥሪ

febrero

ለካቲት

marzo

መጋቢት

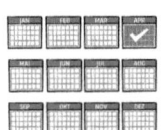

abril

ሚያዝያ

mayo

ጉንበት

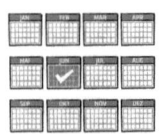

junio

ሰነ

julio

ሓምለ

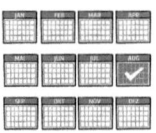

agosto

ነሓሰ

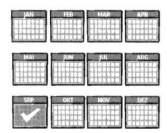

septiembre

መስከረም

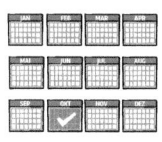

octubre

ጥቅምቲ

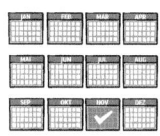

noviembre

ሕዳር

diciembre

ታሕሳስ

formas

ቅርጽታት

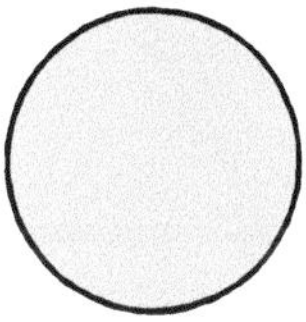

círculo

ዙርያ

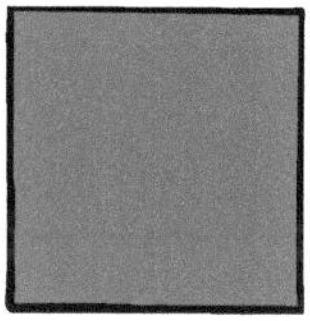

cuadrado

ትርብዒት

rectángulo

ቅኑዕ ርቡዕ ኹርናዕ

triángulo

ስሉስ ኩርናዕ

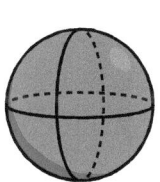

esfera

ክቢ

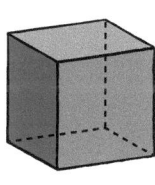

cubo

ኩቦ

colores

ሕብርታት

blanco

ጻዕዳ

amarillo

ብጫ

naranja

ኣራንሺ

rosa

ፒንክ

rojo

ቀይሕ

violeta

ጁኽ

azul

ሰማያዊ

verde

ቀጠልያ

marrón

ቡናዊ

gris

ሓሙኽሽታይ

negro

ጸሊም

opuestos
ኣንጻራት

mucho / poco

....

ብዙሕ / ውሑድ

enojado / tranquilo

....

ሕሩቕ / ሰላማዊ

lindo / feo

....

ጽቡቕ / ክፉእ

principio / fin

....

መጀመርያ / መወዳእታ

grande / chico

....

ዓቢ / ንእሽቶ

claro / oscuro

....

ብሩህ / ጸልማት

hermano / hermana

....

ሓው / ሓፍቲ

limpio / sucio

....

ጽሩይ / ርሳሕ

completo / incompleto

....

ምሉእ / ዘይምሉእ

día / noche

....

መዓልቲ / ለይቲ

muerto / vivo

....

ሙዉት / ህልው

ancho / angosto

....

ሰፊሕ / ጸቢብ

comestible / no comestible

....

ደስ ዘበል / ደስ ዘይብል

malo / amable

....

እኩይ / ህያዋይ

entusiasmado / aburrido

....

ርቡጽ / ስልኩይ

gordo / flaco

....

ረጊድ / ቀጢን

primero / último

....

ቀዳማይ / ናይ መወዳእታ

amigo / enemigo

....

ዓርኪ / ጸላኢ

lleno / vacío

....

ምሉእ / ባዶ

duro / blando

....

ተሪር / ልስሉስ

pesado / liviano

....

ከቢድ / ፈኲስ

hambre / sed

....

ጥምየት / ጽምየት

enfermo / sano

....

ሕሙም / ጥዑይ

ilegal / legal

....

ዘይሕጋዊ / ሕጋዊ

inteligente / estúpido

....

መስተውዓሊ / ስዱ

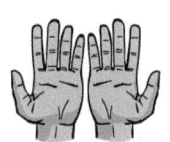

izquierda / derecha

....

ጸጋም / የማን

cerca / lejos

....

ቐረባ / ርሑቕ

86

opuestos - ኣንጻራት

nuevo / usado

....

ሓዲሽ / ብሉይ

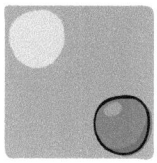

nada / algo

....

ዋላ ሓደ / ገለ

viejo / joven

....

ዓቢ/ኣረጊት / መንእሰይ

encendido / apagado

....

ወልዐ / ኣጥፍእ

abierto / cerrado

....

ክፉት / ዕጹው

silencioso / ruidoso

....

ህዱእ / ዓው

rico / pobre

....

ሃብታም / ድኻ

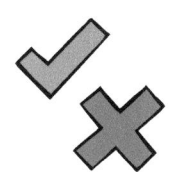

correcto / incorrecto

....

ቅኑዕ / ግጉይ

áspero / suave

....

ሓርፋፍ / ልሙጽ

triste / contento

....

ጉሁይ / ሕጉስ

corto / largo

....

ሓጺር / ነዊሕ

lento / rápido

....

ቀስ / ቅልጡፍ

mojado / seco

....

ጥሉል / ንቑጽ

caliente / frío

....

ምዉቕ / ዝሑል

guerra / paz

....

ውግእ / ሰላም

números

ቁጽርታት

0

cero

ዜሮ

1

uno

ሓደ

2

dos

ክልተ

3

tres

ሰለስተ

4

cuatro

ኣርባዕተ

5

cinco

ሓሙሽተ

6

seis

ሽዱሽተ

7

siete

ሸውዓተ

8

ocho

ሸሞንተ

9

nueve

ትሽዓተ

10

diez

ዓሰርተ

11

once

ዓሰርተ ሓደ

12	13	14
doce	trece	catorce
ዓሰርተ ክልተ	ዓሰርተ ሰለስተ	ዓሰርተ ኣርባዕተ
15	16	17
quince	dieciséis	diecisiete
ዓሰርተ ሓሙሽተ	ዓሰርተ ሽዱሽተ	ዓሰርተ ሸውዓተ
18	19	20
dieciocho	diecinueve	veinte
ዓሰርተ ሸሞንተ	ዓሰርተ ትሽዓተ	ዕስራ
100	1.000	1.000.000
cien	mil	millón
ሚእቲ	ሽሕ	ሚልዮን

idiomas

ቋንቋታት

inglés

እንግሊዝኛ

inglés americano

ኣመሪካዊ እንግሊዛዊ

chino mandarín

ቻይናዊ ማንዳሪን

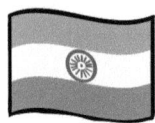

hindi

ሂንዳዊ

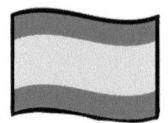

español

እስጳኛዊ

francés

ፈረንሳዊ

árabe

ዓረባዊ

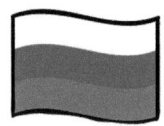

ruso

ሩሲያዊ

portugués

ፖርቱጋላዊ

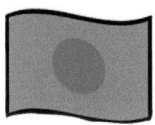

bengalí

በንጋሊ

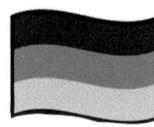

alemán

ጀርመናዊ

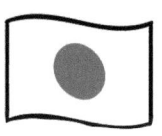

japonés

ጃፓናዊ

quién / qué / cómo

መን / እንታይ / ከመይ

yo

ኣነ

vos

ንስኻ/ኺ

él / ella

ንሱ / ንሳ / ንሱ

nosotros

ንሕና

ustedes

ንስኻ

ellos

ንሳቶም

¿quién?

መን?

¿qué?

እንታይ?

¿cómo?

ከመይ?

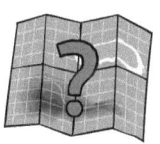

¿dónde?

ኣበይ?

¿cuándo?

መዓስ?

nombre

ሽም

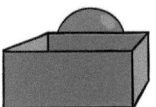

dónde

ኣበይ

detrás

ድሕሪ

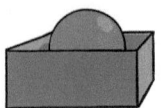

en

ኣብ

adelante de

ኣብ ቅድሚ

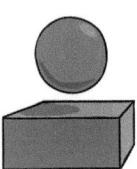

por encima de

ኣብ ላዕሊ

sobre

ኣብ ልዕሊ

debajo de

ትሕቲ ምድሪ

al lado de

ኣብ ጥቓ

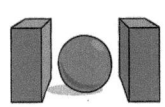

entre

ኣብ መንጎ

lugar

ቦታ